AF312766

PETITE
GRAMMAIRE MUSICALE

OU

PREMIÈRES NOTIONS DE MUSIQUE

INDISPENSABLES AUX PERSONNES QUI VEULENT APPRENDRE A CHANTER OU A JOUER D'UN INSTRUMENT

PAR CL. JEANMOUGIN,

SOUS-DIRECTEUR DE L'ÉCOLE PROFESSIONNELLE DE MULHOUSE.

MULHOUSE,

CHEZ ÉMILE PERRIN, ÉDITEUR, RUE DES BOULANGERS, 14.

STRASBOURG, | PARIS,
CHEZ DERIVAUX, LIBRAIRE, RUE DES HALLEBARDES, 24. | CHEZ L. HACHETTE ET Cⁱᵉ, LIBRAIRES, RUE PIERRE-SARRAZIN, 14.

1856.

STRASBOURG, IMPRIMERIE DE G. SILBERMANN

A M. CH. VIVIEN,

CHEVALIER DE LA LÉGION D'HONNEUR, ANCIEN RECTEUR DE L'ACADÉMIE DÉPARTEMENTALE DU HAUT-RHIN, INSPECTEUR DE L'ACADÉMIE DE LYON.

Hommage de l'affection respectueuse de l'Auteur.

CL. JEANMOUGIN.

AVANT-PROPOS.

Ce petit ouvrage a été rédigé spécialement pour les élèves de l'École professionnelle de Mulhouse, et n'était d'abord destiné qu'à eux. Mais plusieurs personnes, aux sentiments desquelles nous devions déférer, ayant pensé qu'il pourrait servir à faciliter ailleurs l'étude d'un art que nous voudrions voir cultiver dans toutes les maisons d'éducation, nous nous sommes décidé à le publier.

Ce n'est, comme le porte le titre, qu'une *grammaire* tout à fait élémentaire, qui contient seulement les notions indispensables pour apprendre à déchiffrer la musique. Nous ne saurions avoir d'autre prétention que celle d'avoir dit tout ce qui est nécessaire dans ce but, rien de plus, rien de moins, et celle d'avoir présenté les faits dans un ordre méthodique que n'offrent pas toujours les ouvrages de ce genre. Si MM. les professeurs veulent bien parcourir ce petit nombre de pages, peut-être y trouveront-ils aussi quelques aperçus nouveaux, qui, nous osons du moins l'espérer, éclairciront certains points dont les élèves ont souvent de la peine à se rendre compte.

Nous pensons, avec tous les professeurs, que la pratique doit toujours marcher de front avec la théorie; aussi nous proposons-nous, si nos loisirs nous le permettent, de publier plus tard des exercices spécialement adaptés à notre texte, afin d'éviter aux maîtres la peine d'en écrire eux-mêmes au tableau noir.

Mais, hâtons-nous de le dire, des exercices abstraits ne suffisent point; il faut que, dès les premières leçons, les élèves apprennent à chanter des morceaux à une et à plusieurs voix, afin non-seulement de rendre attrayante pour eux l'étude de la musique, mais encore de leur former l'oreille et surtout le goût. A cette occasion, nous ne saurions trop recommander, pour cet usage, un charmant recueil encore en cours de publication [1], et dont les deux premiers cahiers nous font impatiemment attendre les suivants. Nous voulons parler de celui de **MM.** Delcasso et Gross, véritable trésor pour les écoles ainsi que pour les familles, et dans lequel, mérite assurément bien rare, le poëte et le musicien ont su, l'un par un langage tout à la fois simple et élégant, l'autre par un choix de mélodies populaires faciles et pures, mettre à la portée des enfants et faire pénétrer doucement dans leurs cœurs les vérités morales les plus élevées comme les pensées les plus gracieuses.

Mulhouse, le 13 décembre 1855.

[1] *Recueil de morceaux de chant à une, deux et trois voix.* Strasbourg, chez Derivaux ; Paris, chez Dezobry, Magdeleine et Cie.

PETITE
GRAMMAIRE MUSICALE

ou

PREMIÈRES NOTIONS DE MUSIQUE

INDISPENSABLES AUX PERSONNES

QUI VEULENT APPRENDRE A CHANTER OU A JOUER D'UN INSTRUMENT,

PAR

CL. JEANMOUGIN.

DES NOTES.

1. On appelle **note** le signe au moyen duquel on représente un *son musical*, et qui se place, selon le plus ou moins de *gravité* ou d'*acuité* de ce son, sur l'une des cinq lignes ou dans l'un des quatre interlignes de la **portée** :

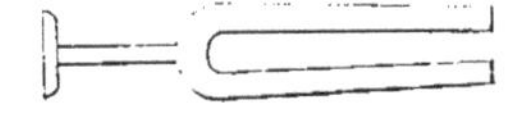

La *portée* est donc, comme on le voit par l'exemple qui précède, un ensemble de cinq lignes parallèles, tracées horizontalement et destinées à recevoir les *notes*. Ces lignes se comptent de bas en haut; la première porte la note la plus grave de la portée, et la cinquième, la note la plus aiguë; de sorte que *bas* et *haut* sont, en musique, synonymes de *grave* et *aigu*.

2. Les notes, selon leur durée, affectent diverses formes : ▤ . 𝅝 . 𝅗𝅥 ou 𝅗𝅥 . 𝅘𝅥 ou 𝅘𝅥 . 𝅘𝅥𝅮 ou 𝅘𝅥𝅮 . 𝅘𝅥𝅯 ou 𝅘𝅥𝅯 . 𝅘𝅥𝅰 ou 𝅘𝅥𝅰 . 𝅘𝅥𝅱 ou 𝅘𝅥𝅲 .

3. Sept noms suffisent pour indiquer la gravité ou l'acuité relative des notes. Ces noms sont : **ut ou do, ré, mi, fa, sol, la, si.**

4. Les sons, en ce qui concerne la gravité ou l'acuité, se déterminent au moyen d'un son fixe, toujours et partout le même, produit par le diapason, et qu'on est convenu d'appeler **la.** Le la du diapason peut donc être considéré comme l'*unité* de son employée pour juger de l'acuité ou de la gravité d'un autre son.

5. Les noms des notes se succédant dans l'ordre indiqué plus haut (n° 3), *ut ou do, ré, mi,* etc., il était naturel d'appeler *ut ou do* la note placée sur la première ligne de la portée, *ré* la note placée dans le premier interligne, *mi* la note placée sur la deuxième ligne, etc.; c'est ce qui a eu lieu, comme l'indique le tableau suivant :

6. Le signe 𝄢 placé sur la première ligne s'appelle *clef* : c'est lui qui indique que toutes les notes posées sur cette ligne s'appellent *ut ou do,* que par conséquent toutes les notes placées entre la première et la deuxième ligne s'appellent *ré*, et ainsi de suite.

La clef est donc un signe que l'on place au commencement d'une portée, pour indiquer le nom de la note posée sur la ligne sur laquelle il est posé lui-même, et par conséquent la place relative que doit occuper sur cette portée chacune des autres notes.

7. Il y a trois sortes de clefs différentes, savoir : 1° la clef d'*ut* |≡ qui indique que l'on prend l'*ut* ou le *do* pour point de départ ; 2° la clef de *sol* ⟨⟩ qui indique que l'on prend le *sol* pour point de départ, et 3° la clef de *fa* ⟨⟩ qui indique que l'on prend le *fa* pour point de départ.

8. Les deux dernières sont presque exclusivement employées de nos jours. Elles se placent :
1° La clef de *sol*, sur la seconde ligne :

Elle indique par conséquent la place que chaque note doit occuper, soit en montant, soit en descendant l'échelle de la portée à partir du *sol* posé sur la seconde ligne. Le son de ce *sol* est celui du degré immédiatement inférieur au *la* du diapason :

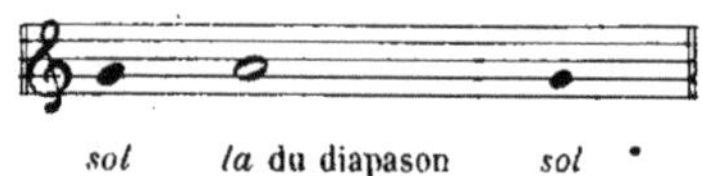

2° La clef de *fa*, sur la quatrième ligne :

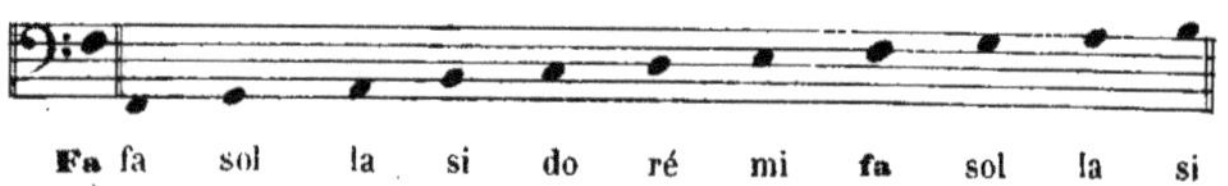

Le son de ce *fa* sur la quatrième ligne est celui qu'on trouverait sur le dixième degré en descendant, à partir du *la* du diapason :

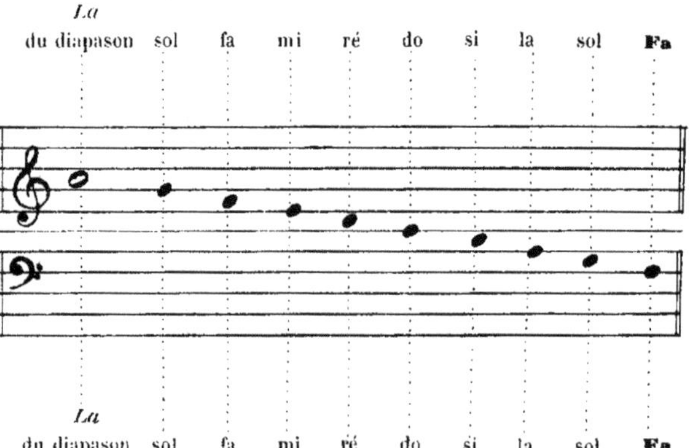

9. L'exemple précédent nous amène à parler des lignes supplémentaires à la portée.

La portée ne se compose que de cinq lignes, parce que l'œil pourrait difficilement en embrasser sans confusion un plus grand nombre. Elle suffit, du reste, pour noter une succession de onze degrés.

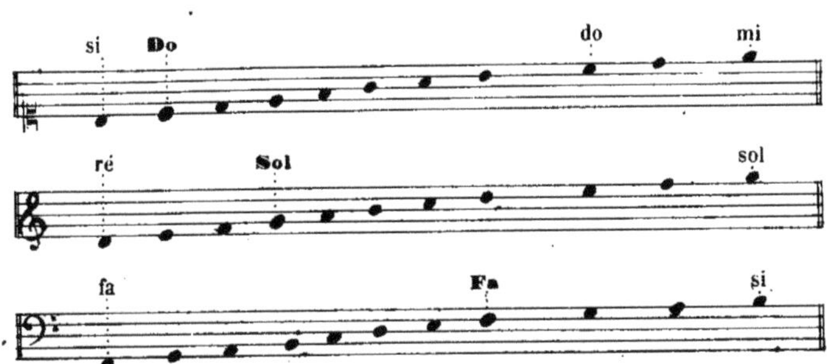

Mais si l'on devait, dans la notation, monter ou descendre quelques échelons de plus, on aurait recours à des lignes supplémentaires, qui, se traçant au fur et à mesure qu'on en a besoin, exclusivement pour chaque note plus élevée ou plus basse que l'échelle de la portée, n'embarrassent pas la vue générale de celle-ci. Voici un exemple d'une portée à laquelle sont ajoutées deux lignes supplémentaires supérieures et deux inférieures.

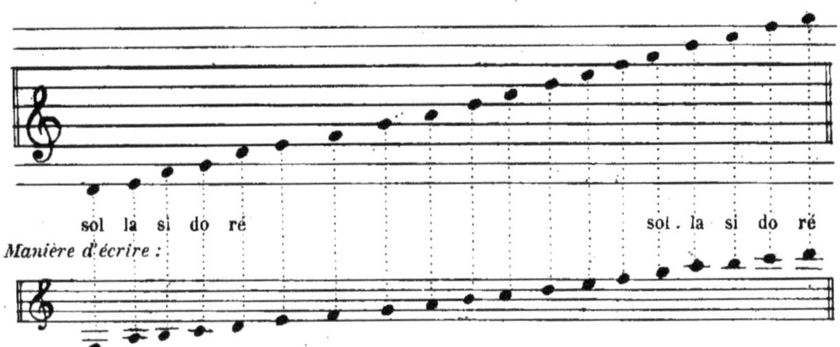

10. Au moyen de changements de clefs, sans même avoir recours aux lignes supplémentaires, on parviendrait à une étendue plus considérable :

Cette portée nous présente une étendue de vingt-trois degrés qu'on pourrait, au moyen de lignes supplémentaires, rendre bien plus considérable encore, comme nous le verrons au n° 105.

11. Nous avons dit (n° 8) que la clef d'*ut* est rarement employée aujourd'hui. Cette observation ne s'applique qu'à la notation des morceaux écrits pour les voix humaines, car la clef d'*ut* s'emploie fréquemment dans la notation de morceaux écrits pour certains instruments.

12. La clef d'*ut* se place sur trois lignes différentes de la portée : sur la première, sur la troisième et sur la quatrième.

Chacun de ces trois *do* ou *ut* a le même son, celui du premier *do* inférieur au *la* du diapason.

13. Ce *do* est encore absolument le même que les deux suivants, l'un à la clef de *sol*, l'autre à la clef de *fa* :

Le tableau suivant présente, en regard du *la* du diapason aux différentes clefs, le premier *do* inférieur à ce *la* également aux différentes clefs.

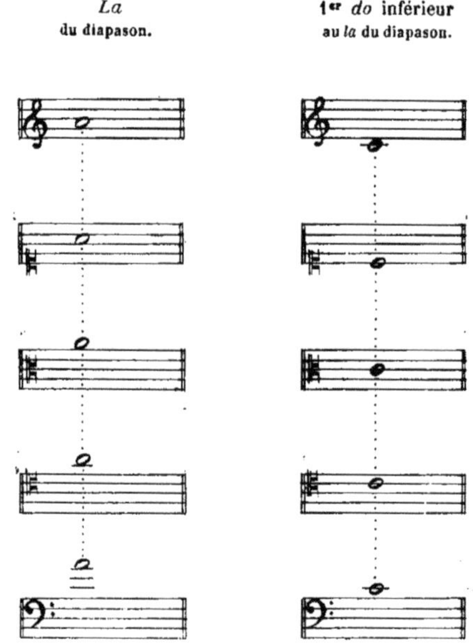

DE LA GAMME ET DE L'ALTÉRATION DES SONS.

14. Faire entendre de suite la série des sept notes, en donnant à chacune le son qui lui convient d'après le diapason et suivant certaines lois, et en répétant la première à deux degrés au-dessus du diapason, s'appelle chanter ou jouer une *gamme*. La gamme est *ascendante* ou *descendante*[1].

15. L'ouïe entend et la physique démontre que la distance entre la troisième et la quatrième note (*mi-fa*) et la distance entre la septième et la huitième note (*si-do*) est moindre que celle qui existe entre deux des autres notes prises successivement (*do-ré, ré-mi, fa-sol. sol-la, la-si*). Aussi la distance entre ces dernières est-elle dite d'**un** *ton*, et la distance entre *mi-fa, si-do*, est-elle dite d'un **demi-***ton*.

16. La gamme est donc :

1° Une succession ascendante de huit sons émis de telle sorte qu'il y ait :

    Entre le 1er et le 2e . . . **un ton entier.**
    Entre le 2e et le 3e. . . . **un ton entier.**
    Entre le 3e et le 4e. . . . *un demi-ton.*
    Entre le 4e et le 5e. . . . **un ton entier.**
    Entre le 5e et le 6e. . . . **un ton entier.**
    Entre le 6e et le 7e. . . . **un ton entier.**
    Entre le 7e et le 8e. . . . *un demi-ton.*

2° Une succession descendante des mêmes huit sons émis de telle sorte qu'il y ait :

    Entre le 1er et le 2e . . . *un demi-ton.*
    Entre le 2e et le 3e. . . . **un ton entier.**
    Entre le 3e et le 4e. . . . **un ton entier.**
    Entre le 4e et le 5e. . . . **un ton entier.**
    Entre le 5e et le 6e. . . . *un demi-ton.*
    Entre le 6e et le 7e. . . . **un ton entier.**
    Entre le 7e et le 8e. . . . **un ton entier.**

---

[1] *Ascendant* signifie procédant du grave à l'aigu ; *descendant* signifie procédant de l'aigu au grave

17. Si l'on voulait établir **un ton entier** entre *mi* et *fa*, il faudrait ou *élever* **fa** d'un **demi-ton** ou *abaisser* le **mi** d'un **demi-ton**. La première opération se ferait au moyen du signe ♯ appelé *dièze*, que l'on mettrait devant le *fa*; la seconde, au moyen du signe ♭ appelé *bémol*, que l'on mettrait devant le *mi* (exemples 1 et 2). On opérerait de la même manière pour établir un ton entier entre *si* et *do* (exemples 3 et 4).

18. Le *dièze* est donc un signe ♯ que l'on place devant une note pour l'élever d'un *demi-ton*: en d'autres termes, pour la rendre d'un demi-ton plus aiguë ou plus haute.

Le *bémol* ♭ est un signe que l'on place devant une note pour la baisser d'un *demi-ton*, c'est-à-dire pour la rendre d'un demi-ton plus grave ou plus basse.

Le *dièze* et le *bémol* s'appellent signes d'*altération*. Placer un dièze ou un bémol devant une note, c'est *altérer* cette note.

19. Il y a encore deux autres signes d'altération, ce sont: 1° le *double-dièze* 𝄪, qui élève la note de deux demi-tons: 2° le *double-bémol* ♭♭, qui l'abaisse de deux demi-tons. Exemples :

20. Pour détruire l'effet d'une altération, c'est-à-dire pour ramener une note à son état naturel[1], on la fait précéder du signe ♮ appelé *bécarre*. Exemples :

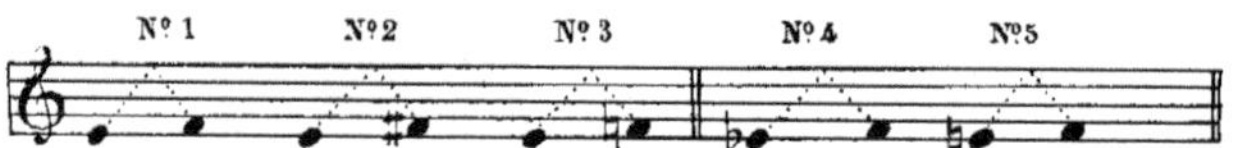

Dans l'exemple n° 2, le *fa* est altéré par le ♯ ; dans l'exemple n° 3, il est ramené à son état naturel, celui qu'il a au n° 1. Dans l'exemple n° 4, le *mi* est altéré par le ♭ ; dans l'exemple n° 5, il est ramené à son état naturel, celui qu'il a aux n°ˢ 1 et 3.

Pour détruire l'effet de l'altération produite par le 𝄪 ou le ♭♭, et ramener la note à l'altération simple du ♯ ou du ♭, on fait précéder cette note du signe de cette dernière altération, soit ♯, soit ♭, précédé lui-même du bécarre ♮. Exemples :

[1] En musique, toute note non altérée est dite *naturelle*. Ainsi, dans les exemples 1, 3, 5, nous avons *mi* et *fa* naturels; dans l'exemple 4, le *fa* seul est naturel.

DE LA VALEUR OU DURÉE DES NOTES.

21. De même qu'on a imaginé le diapason pour servir, comme unité de son, à déterminer le plus ou moins de gravité et le plus ou moins d'acuité des autres sons, de même on a imaginé un instrument destiné à indiquer la durée que doit avoir chaque son selon la forme de la note qui le représente. Cet instrument s'appelle *métronome* : c'est une espèce de pendule qu'on raccourcit ou allonge à volonté pour en rendre les oscillations plus ou moins rapides. Il donne ainsi la valeur ou durée absolue d'une note quelconque du morceau, durée sur laquelle se règle celle de toutes les autres notes (Voy. nᵒ 48, renvoi).

22. Il importe donc de connaître la durée ou valeur relative que les notes, selon leur forme, ont entre elles.

Celle dont la durée est la plus longue s'appelle *Maxime* et a la forme carrée . .

La *Maxime* a une durée double de celle de la *Ronde* . . . .

La *Ronde* a une durée double de celle de la *Blanche* . . . .

La *Blanche* a une durée double de celle de la *Noire* . . . .

La *Noire* a une durée double de celle de la *Croche*. . . . .

La *Croche* a une durée double de celle de la *Double-croche*. . . . .

La *Double-croche* a une durée double de celle de la *Triple-croche*. . . . . . .

La *Triple-croche* a une durée double de celle de la *Quadruple-croche* . . . . .

Celles de ces notes dont la queue est armée d'un ou de plusieurs crochets, savoir, la *croche*, la *double-croche*, la *triple-croche*, la *quadruple-croche*, peuvent se présenter réunies en groupes de deux ou plusieurs notes, ainsi qu'il suit :

23. Le tableau suivant fait voir d'un coup d'œil la relation de durée que chaque note a avec les autres notes. On y néglige la *maxime*, dont l'emploi est fort rare.

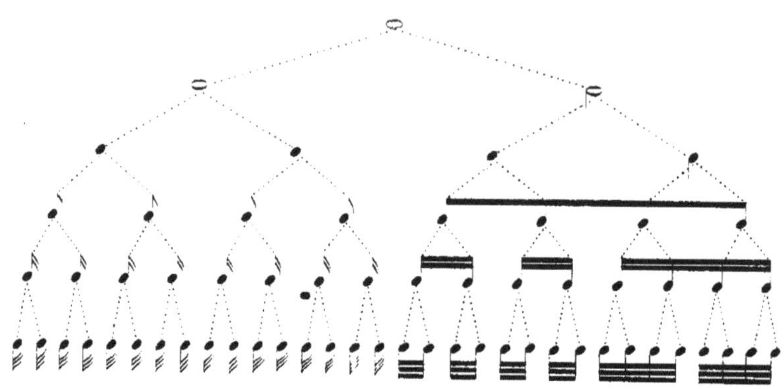

24. La durée de chacune de ces notes se divisant par 2, nous pouvons représenter :

La ronde par 1
La blanche par . . . . . . 1/2 de la ronde.
La noire par . . . . 1/4 —
La croche par . . . . . . 1/8 —
La double-croche par . . . . 1/16 —
La triple-croche par . . . . 1/32 —
La quadruple-croche par . . . 1/64 —

25. En d'autres termes :

La ronde vaut 2 blanches.
    —   —   4 noires.
    —   —   8 croches.
    —   —   16 doubles-croches.
    —   —   32 triples-croches.
    —   —   64 quadruples-croches.

La blanche vaut 2 noires.
    —   —   4 croches.
    —   —   8 doubles-croches.
    —   —   16 triples-croches.
    —   —   32 quadruples-croches.

La noire vaut 2 croches.
    —   —   4 doubles-croches.
    —   —   8 triples-croches.
    —   —   16 quadruples-croches.

La croche vaut 2 doubles-croches.
    —   —   4 triples-croches.
    —   —   8 quadruples-croches.

La double-croche vaut 2 triples-croches.
    —   —   4 quadruples-croches.

La triple-croche vaut 2 quadruples-croches.

26. D'après ce que nous venons de voir, les notes, quant à leur durée relative à celle de la *ronde*, suivent la progression suivante :

$$1, \ 1/2, \ 1/4, \ 1/8, \ 1/16, \ 1/32, \ 1/64, \ \text{etc.};$$

ou celle-ci :

$$2/2, \ 2/4, \ 2/8, \ 2/16, \ 2/32, \ 2/64, \ 2/128, \ \text{etc.}$$

27. Supposons maintenant la *ronde* augmentée de la durée d'une *blanche* (○ ♪), et, au lieu de lui attribuer comme signe numérique 1 ou 2/2, attribuons-lui 1 1/2 ou 3/2, nous obtiendrons la progression suivante :

$$1 \ 1/2 \ \text{ou} \ 3/2, \ 3/4, \ 3/8, \ 3/16, \ 3/32, \ 3/64, \ \text{etc.}$$

28. Ce résultat s'obtient en musique au moyen d'un point qui, placé après une note, augmente cette note de la moitié de sa durée.

Ainsi :

La ronde pointée . . . (○.) = 3 blanches . . . . . (○ ○ ○)

La blanche pointée . . (○.) = 3 noires . . . . . . (♩ ♩ ♩)

La noire pointée . . . (♩.) = 3 croches . . . . . (♪ ♪ ♪)

La croche pointée . . . (♪.) = 3 doubles-croches . . . (♬ ♬ ♬)

La double-croche pointée (♪.) = 3 triples-croches . . . (♬ ♬ ♬)

La triple-croche pointée . (♪.) = 3 quadruples-croches . (♬ ♬ ♬)

29. De là le tableau suivant :

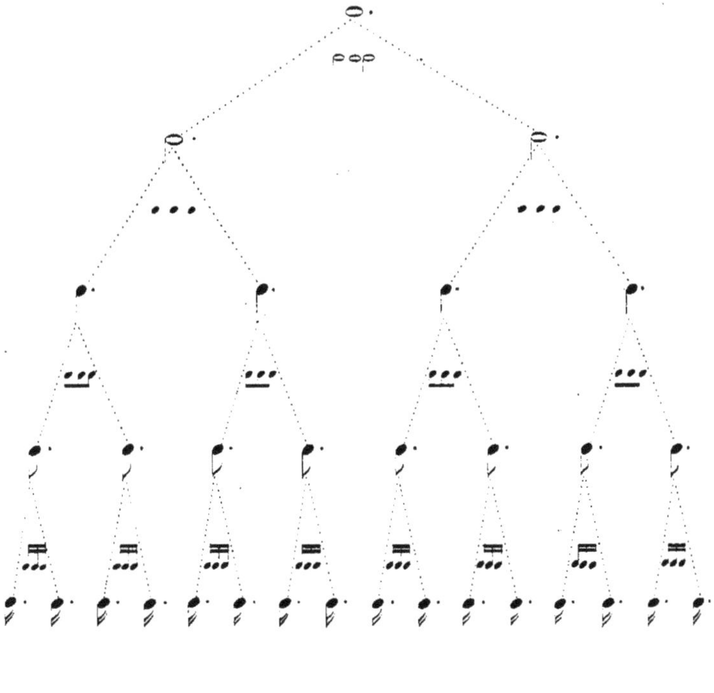

30. En étudiant le tableau précédent, nous remarquons :

1° Que la ronde pointée . . . = 2 blanches pointées. . . = 3 blanches non pointées.
    = 4 noires pointées. . . . = 6 noires non pointées.
    = 8 croches pointées . . . = 12 croches non pointées.
    = 16 doubles-croches pointées = 24 doubles-croches non pointées.
    = 32 triples-croches pointées = 48 triples-croches non pointées.

2° Que la blanche pointée . . = 2 noires pointées. . . . = 3 noires non pointées.
    = 4 croches pointées . . . = 6 croches non pointées.
    = 8 doubles-croches pointées = 12 doubles-croches non pointées.
    = 16 triples-croches pointées = 24 triples-croches non pointées.

3° Que la noire pointée . . . = 2 croches pointées . . . = 3 croches non pointées.
    = 4 doubles-croches pointées = 6 doubles-croches non pointées.
    = 8 triples-croches pointées. = 12 triples-croches non pointées.

4° Que la croche pointée . . . = 2 doubles-croches pointées = 3 doubles-croches non pointées.
    = 4 triples-croches pointées. = 6 triples-croches non pointées.

5° Que la double-croche pointée = 2 triples-croches pointées. = 3 triples-croches non pointées.

31. De deux points .. placés après une note, le premier a, comme nous venons de le dire, pour but de prolonger cette note de la moitié de sa durée, le second la prolonge encore de la moitié de la durée du premier. Exemples :

32. Il arrive très-souvent que l'on a à faire entendre trois notes équivalant à la durée de deux, par exemple: 3 noires ♪ ♪ ♪ = 2 noires ♪ ♪ . Ces trois notes ainsi émises pendant la durée de deux forment un groupe qu'on appelle *triolet*, et qu'on surmonte du chiffre 3. Il s'ensuit qu'un *triolet* de trois noires ♪ ♪ ♪ équivalant à la durée de deux noires ordinaires ♪ ♪, équivaut également à celle d'une blanche ρ, sans que celle-ci soit considérée comme pointée.

33. Nous avons donc encore les égalités de durée suivantes :

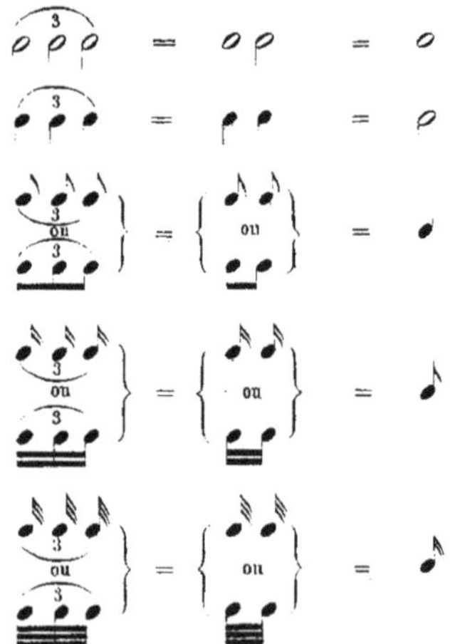

DE LA MESURE ET DU TEMPS.

34. Pour faciliter l'exécution d'une pièce de musique, on en partage la durée entière en portions égales appelées **mesures**, séparées entre elles par un trait vertical appelé *barre de mesure*.

35. Chaque mesure se partage elle-même en un nombre, soit *pair*, soit *impair*, de portions égales de durée appelées **temps**.

36. Il y a donc des **mesures** à nombre *pair* et des **mesures** à nombre *impair* de **temps**.

37. La ronde ○ étant la note dont la durée relative est la plus longue, nous en prendrons la durée, partagée en quatre parties ou temps, comme type des mesures à temps en nombre *pair*.

38. La blanche pointée ○· étant, après la ronde, la note dont la durée relative est la plus longue, nous en prendrons la durée, partagée en trois parties ou temps, comme type des mesures à temps en nombre *impair*.

39. La mesure dont la durée équivaut à celle d'une ronde se partageant en quatre parties, s'appelle *mesure à quatre temps* ou *à quatre quarts*. Chacun de ces temps équivaut donc à la durée d'une noire (= 1/4○). (Voy. n° 24). Cette mesure s'indique au moyen d'un C ou du chiffre 2, ou quelquefois de la fraction 4/4, que l'on place à la tête de la première portée du morceau.

Exemples :

40. La mesure dont la durée équivaut à celle d'une blanche pointée se partageant en trois parties, s'appelle *mesure à trois temps* ou *à trois quarts*. Chacun de ces temps équivaut donc également à la durée d'une noire. Cette mesure s'indique au moyen de la fraction 3/4.

Exemples :

41. Observation. Dans cette mesure, ainsi que dans toutes celles dont nous allons nous occuper, la fraction qui la désigne se compose, comme toute fraction, 1° d'un **dénominateur** indiquant en combien de parties égales est partagée l'*unité*, c'est-à-dire la *ronde*; 2° d'un **numérateur** indiquant combien l'on prend de ces parties pour en former la mesure. Ainsi, dans la mesure à 3/4, le dénominateur 4 indique que la ronde est partagée en 4 noires, et le numérateur 3, que 3 de ces noires suffisent pour remplir la mesure. Et quand nous disons 3 noires, c'est comme si nous disions 1 blanche pointée, ou 6 croches, ou 12 doubles-croches, ou 24 triples-croches; ou encore 1 blanche et 1 noire, ou 2 croches et 1 blanche, ou 1 noire et 4 croches, ou 4 croches et 4 doubles-croches, etc.; toutes combinaisons qu'on pourrait multiplier à l'infini.

42. On distingue les temps en temps *forts* et en temps *faibles*.

Dans la mesure à 4 temps, le 1er et le 3e sont *forts*, le 2e et le 4e sont *faibles*. Dans la mesure à 3 temps, le 1er seul est *fort*: les deux autres sont *faibles*.

43. Pour conserver pendant toute l'exécution d'un morceau sa durée à chaque temps, l'exécutant lui-même ou une autre personne chargée de diriger l'exécution, marque chacun de ces temps au moyen de certains mouvements réguliers de la main. C'est ce que l'on appelle *battre la mesure*.

44. La mesure à 4 temps se bat ainsi [1] :

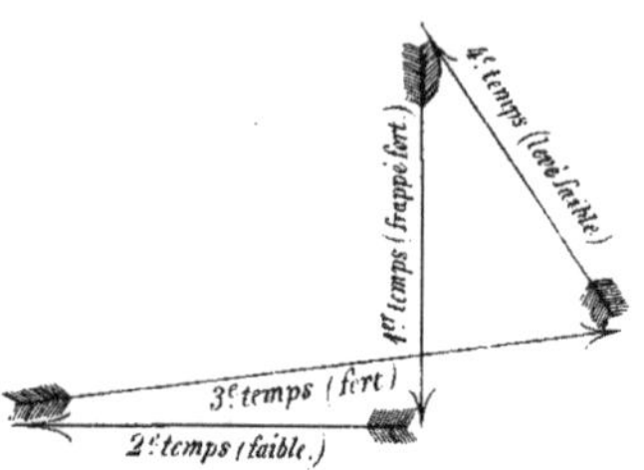

45. La mesure à 3 temps se bat ainsi :

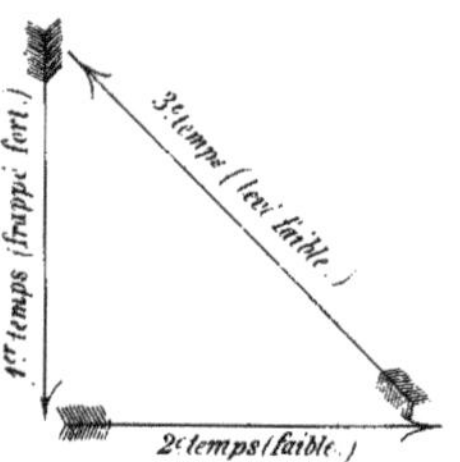

46 Le premier temps de chaque mesure est dit *frappé*, le dernier *levé*.

47. D'après l'observation précédente (nº 41), on se rendra facilement compte de la mesure à *deux temps*, qui s'indique au moyen de la fraction 2/4, et de la mesure dite à *trois-huit*, qui s'indique par la fraction 3/8. Voici quelques exemples[2] de ces deux mesures.

[1] En nommant les temps, dites : UN, DEUX, TROIS, QUATRE, et non : *une*, *deusse*, *troisse*, comme on l'entend souvent. La prononciation de ces deux derniers mots est vicieuse (*deusse*, *troisse*). Quant au premier, il doit être du masculin (*un* et non *une*), parce qu'ici l'on emploie tout simplement, au lieu du nombre ordinal, le nombre cardinal avec ellipse du mot *temps*, comme on le fait d'ailleurs aussi pour indiquer le quantième du mois, avec ellipse du mot *jour*. Ainsi, de même que le 2, le 3, le 4 juin signifient le 2e, le 3e, le 4e jour de juin, de même *deux*, *trois*, *quatre*, signifient le 2e, le 3e, le 4e temps.

[2] Il serait utile de faire analyser aux élèves, outre ces exemples et les suivants, un grand nombre d'autres.

48. La mesure à 2/4 se bat comme la mesure à **4 temps**, si le mouvement[1] du morceau est lent, c'est-à-dire qu'on prend alors la *croche* pour unité de temps. Mais si le mouvement était trop rapide pour qu'on pût facilement battre quatre temps, on n'en battrait que deux, le premier frappé, le second levé :

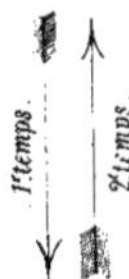

Et si la rapidité du mouvement était telle qu'il fût impossible de battre même deux temps, on n'en battrait qu'*un*, lequel serait nécessairement frappé.

49. La mesure à 3/8 se bat comme la mesure à 3/4, c'est-à-dire qu'on prend la *croche* pour unité de temps. Mais si le mouvement était trop rapide pour qu'on pût facilement battre les trois temps, on se contenterait d'en battre *un*, lequel serait toujours frappé.

50. Des mesures qui précèdent dérivent plusieurs autres dont les plus usitées de nos jours sont :

1° La mesure à *six-huit* (6/8) et la mesure à *douze-huit* (12/8), qui tiennent tout à la fois de la nature des mesures à nombre pair de temps et de celle des mesures à nombre impair de temps;

2° La mesure à *neuf-huit* (9/8) qui ne participe que de la nature des mesures à nombre impair de temps.

(L'usage et les principes que nous exposons ici, feront facilement rendre compte des autres mesures qui pourront se présenter, telles, par exemple, que la mesure à 3/2 : ♩ ♩ ♩ = ○ .).

51. *Mesure à six-huit* (6/8).

La mesure à 6/8 n'est autre chose que le double de la mesure à 3/8 :

Elle se bat ordinairement comme une mesure à 2/4 (3 croches pour 1 temps, chacune d'elles étant considérée comme ayant valeur de croche d'un triolet). Cependant, si le mouvement est lent, on fera bien, en battant les deux temps, d'indiquer légèrement par un temps d'arrêt chaque durée de *croche*, comme on le voit par la figure ci-jointe :

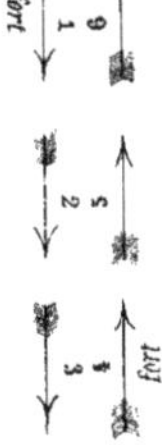

---

[1] On appelle *mouvement* le degré de lenteur ou de vitesse donné à un morceau de musique. Le mouvement s'indique au moyen du métronome (voy. n° 21), dont le balancier, partagé en un certain nombre de degrés marqués par des chiffres, est armé d'une espèce de poids mobile, qu'on fixe sur le chiffre choisi. Les oscillations sont d'autant plus rapides que ce poids est placé sur un chiffre plus élevé; dès lors les oscillations étant prises pour *unité de temps*, on indique au moyen du signe d'*égalité* à quelle espèce de note doit correspondre chaque oscillation.

Ainsi ♪ = 92 signifie que le poids mis au n° 92 produit des oscillations à la durée de chacune desquelles correspond la durée d'une croche.

♩ = 84 signifie que le poids mis au n° 84 produit des oscillations à la durée de chacune desquelles correspond celle d'une blanche. C'est un mouvement rapide.

♩. = 96 présente un mouvement extrêmement rapide (voy. n° 102).

14.

Toutefois, si, dans les mouvements lents, on préférait, pour plus de précision, battre deux mesures à 3/8,
il vaudrait mieux, pour éviter la confusion et faire reconnaître bien exactement les deux portions de la mesure
à 6/8, battre ainsi :

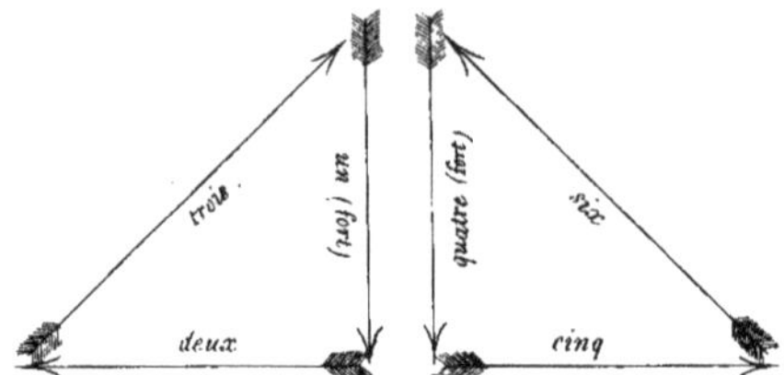

52. *Mesure à douze-huit* (12/8).

La mesure à 12/8 peut être considérée comme le double de la mesure à 6/8 ou comme le quadruple de la
mesure à 3/8.

Elle se bat ordinairement à 4 temps, chaque temps étant considéré comme composé d'un groupe de triolets-
croches.

53. *Mesure à neuf-huit* (9/8).

La mesure à 9/8 n'est autre chose que le triple de la mesure à 3/8.

Elle se bat ordinairement comme une mesure à 3/4, chaque temps étant considéré comme composé d'un
groupe de triolets-croches.

DES SILENCES.

54. Les *silences* sont des signes de durée qui indiquent pendant combien de temps il ne doit point y avoir d'émission de son. Chaque note, eu égard à sa durée, a son *silence* correspondant.

55. Le tableau suivant présente la forme et le nom des *silences* en regard des notes auxquelles ils correspondent.

NOTES.		SILENCES.	
NOMS.	FORMES.	NOMS.	FORMES.
Ronde		Pause	
Blanche		Demi-pause	
Noire		Soupir	
Croche		Demi-soupir	
Double-croche		1/4 de soupir	
Triple-croche		1/8 de soupir	
Quadruple-croche . .		1/16 de soupir	

56. Un silence tenant dans la mesure la place d'une note non émise, peut, comme la note, être suivi du point, qui ajoute à la durée de ce silence la moitié de celle qu'il a déjà par lui-même. Cependant on ne place guère le point après la *pause* ni après la *demi-pause*; on préfère indiquer cette prolongation de durée, dans le premier cas, par la *demi-pause*, dans le second, par le *soupir*.

57. Voici quelques exemples de silences. Les chiffres placés au-dessus de chaque mesure en indiquent les temps.

58. Observer dans chaque mesure la durée de chaque note ou de chaque silence s'appelle *compter*. Ainsi, dans la première mesure de l'exemple n° 1, on *compte* trois temps avant d'émettre le son *sol*; dans la dernière mesure on compte les quatre temps ou la mesure entière sans émettre aucun son.

Il arrive souvent que la première mesure d'un morceau est incomplète, en ce qu'on laisse sous-entendus les temps en silence qui précèdent l'émission du premier son. C'est, du reste, une ellipse qu'il est facile de suppléer. Ainsi, dans l'exemple suivant :

les temps en silence qui précèdent le *do* de la première mesure seraient etc.

Une mesure entière à compter s'indique toujours par le signe de la pause ▬, quelle que soit d'ailleurs la nature de la mesure, que celle-ci soit à 4 temps, à 2/4, à 3/4, à 3/8, à 6/8, à 9/8, à 12/8.

Voici la manière d'indiquer deux ou plusieurs mesures à compter, c'est-à-dire deux ou plusieurs mesures pendant lesquelles il n'y a point émission de son :

2 mesures à compter s'indiquent ainsi . . . .

3 mesures s'indiquent 2 + 1, ainsi . . . .

4 mesures s'indiquent par 2 doublé, ainsi . . . . .

5 mesures s'indiquent par 4 + 1, ainsi . . . . . .

6 mesures s'indiquent par 4 + 2, ainsi . . . . . .

7 mesures s'indiquent par 4 + 2 + 1, ainsi . . . .

8 mesures s'indiquent par 4 + 4, ainsi . . . . . .

9 mesures s'indiquent par 4 + 4 + 1, ainsi . . . .

10 mesures s'indiquent par 4 + 4 + 2, ainsi . . . .

11 mesures s'indiquent par 4 + 4 + 2 + 1, ainsi . .

12 mesures s'indiquent par 4 + 4 + 4, ainsi . . . .

59. Pour un plus grand nombre, et même pour un moindre, on se contente, par abréviation, de tracer un trait oblique surmonté du chiffre indiquant le nombre de mesures à compter. Ainsi :

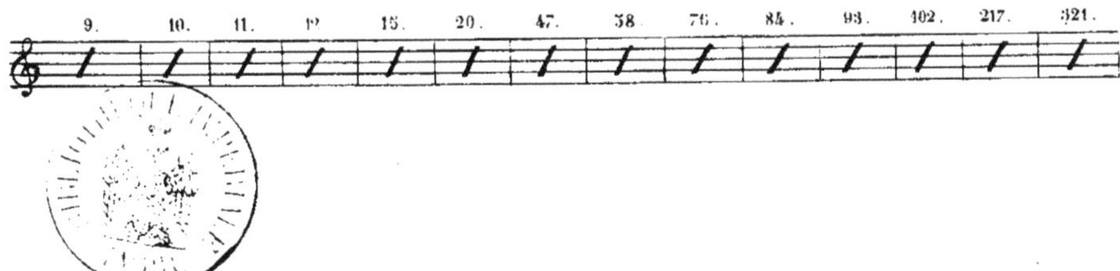

DES INTERVALLES.

60. Examinons en particulier chacune des notes dont se compose la gamme.

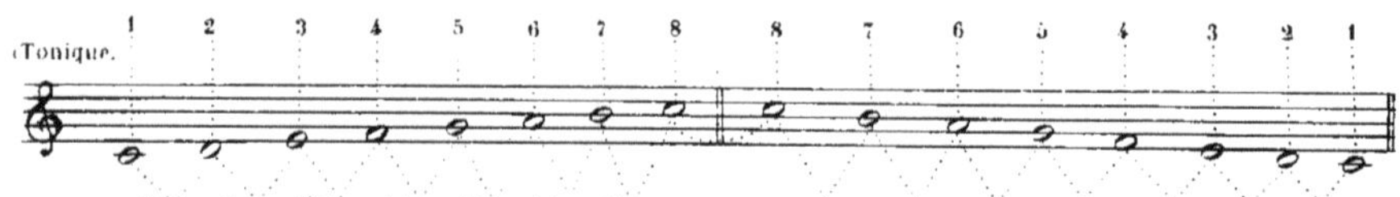

La première note s'appelle *tonique*.
La deuxième, *intervalle de seconde*, ou simplement *seconde*.
La troisième, *intervalle de tierce* ou simplement *tierce*;
La quatrième, *intervalle de quarte*, ou simplement *quarte*[1].
La cinquième, *intervalle de quinte*, ou simplement *quinte*[2].
La sixième, *intervalle de sixte*, ou simplement *sixte*.
La septième, *intervalle de septième* ou simplement *septième*.
La huitième, *intervalle d'octave*, ou simplement *octave*.

61. Voici donc le tableau de ces intervalles :

ou bien :

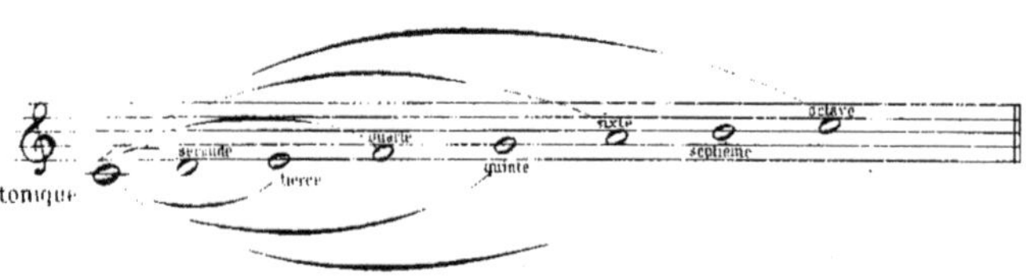

Chacun de ces intervalles, selon que la note qui en détermine le nom reste *naturelle* ou est **altérée**, soit par un dièze, soit par un bémol, peut se présenter sous trois aspects différents :

Sous chacun de ces aspects, l'intervalle conserve son nom générique de *seconde*, *tierce*, *quarte*, etc., auquel on ajoute un qualificatif pour le distinguer des deux autres.

Toutefois, dans ces premiers éléments, pour ne point surcharger la mémoire des élèves de détails inutiles encore pour eux, nous ne nous occuperons que de celles de ces altérations qui se présentent le plus fréquemment dans le chant, et qu'il est par conséquent essentiel, même pour les commençants, de bien connaître.

[1] Ou encore *sous-dominante*.
[2] Ou encore *dominante*.

62. Seconde.

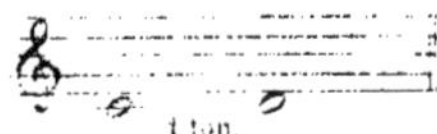

La distance entre **do** et **re** est d'un ton. Pour la faire d'un *demi-ton* seulement, il suffit d'altérer le *ré* et de le rapprocher du *do* au moyen du ♭. De cette manière, l'intervalle devient *moindre*, ou, comme on dit en musique, **mineur**. Sous sa première forme, l'intervalle s'appelle **majeur**, c'est-à-dire *plus grand*.

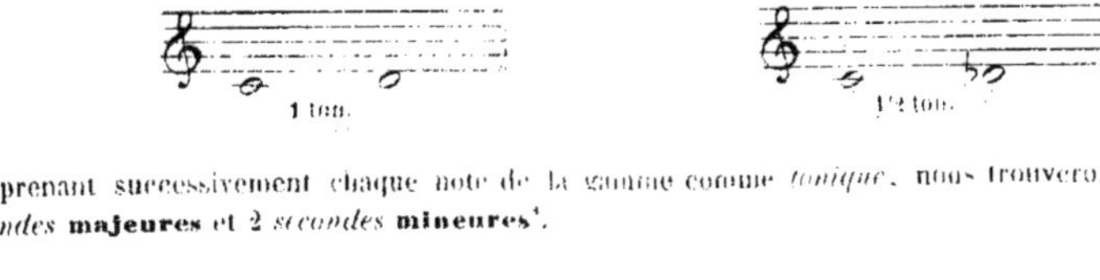

En prenant successivement chaque note de la gamme comme *tonique*, nous trouverons dans cette gamme *5 secondes* **majeures** et *2 secondes* **mineures**[1].

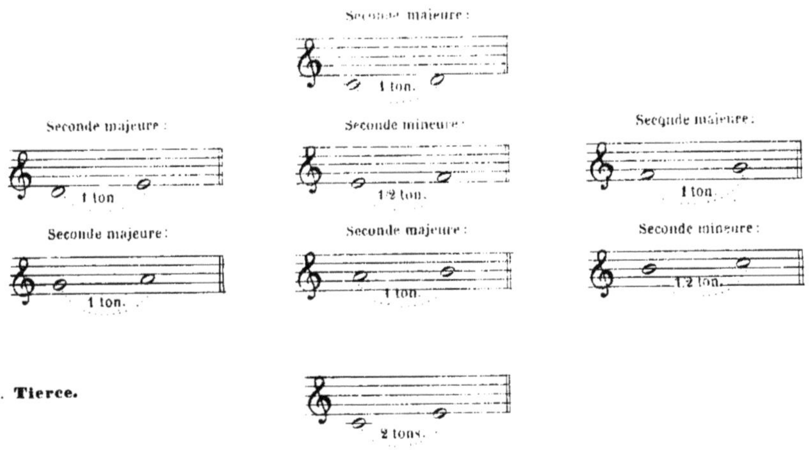

63. Tierce.

La distance entre **do** et **mi** est de deux tons. Pour la diminuer d'un *demi-ton*, il suffit d'altérer le *mi* au moyen du ♭. On obtient de cette manière deux sortes de tierces, dont la plus grande s'appelle **majeure** et la plus petite **mineure**.

La gamme nous offre 3 exemples de tierce majeure, et 4 de tierce mineure.

---

[1] C'est un travail d'analyse que nous donnons ici comme modèle, parce qu'il sera utile de le faire faire aux élèves pour tous les autres intervalles, et cela non-seulement sur la gamme en do, mais encore sur chacune des gammes dérivées, lorsqu'ils les auront étudiées.

64. Quarte.

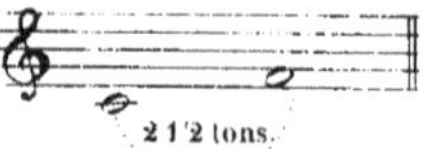

Cet intervalle se présente le plus souvent sans altération. Nous nous contenterons de faire observer que presque toutes les quartes qu'offre la gamme (**do-fa**, **ré-sol**, **mi-la**, **sol-do**, **la-ré**, **si-mi**) se composent de deux tons et demi. Il n'y a d'exception que pour la quarte **fa-si**, qui se compose de trois tons entiers, et qui, pour cette raison, s'appelle *quarte augmentée*.

65. Quinte.

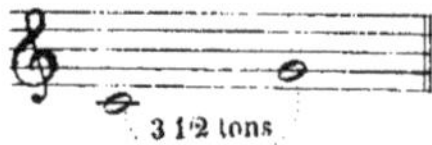

Cet intervalle se présente, comme la quarte, le plus souvent sans altération. Il se compose de trois tons et demi. Il n'y a d'exception, dans les quintes que fournit la gamme, que pour la quinte **si-fa**, qui ne se compose que de trois tons, et qui pour cette raison, s'appelle *quinte diminuée*.

66. Sixte.

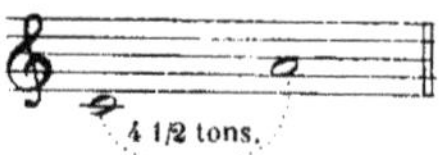

Cet intervalle, qui se compose de 4 1/2 tons, est la *sixte* **majeure.** Pour rendre cette *sixte* **mineure**, il suffit d'altérer le *la* au moyen du ♭. Nous avons donc deux espèces de sixtes :

La gamme nous fournit 4 exemples de sixte majeure, et 3 de sixte mineure.

67. Septième.

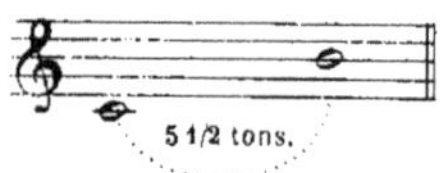

Cet intervalle est la *septième* **majeure**; il est d'un usage peu fréquent. La *septième* **mineure**, au contraire, s'emploie fort souvent.

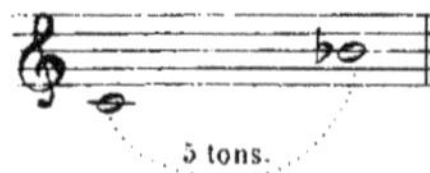

La gamme nous fournit 2 exemples de septième majeure, et 5 de septième mineure.

68. **Octave.**

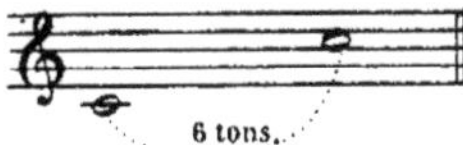

L'octave ne s'altère point.

L'octave n'est autre chose que la répétition de la tonique à une distance de 6 tons. C'est précisément la distance qui sépare la voix des hommes de la voix des femmes et des enfants. Cette dernière est plus élevée d'une octave que la première.

De là le tableau suivant des différentes espèces des voix humaines ordinaires :

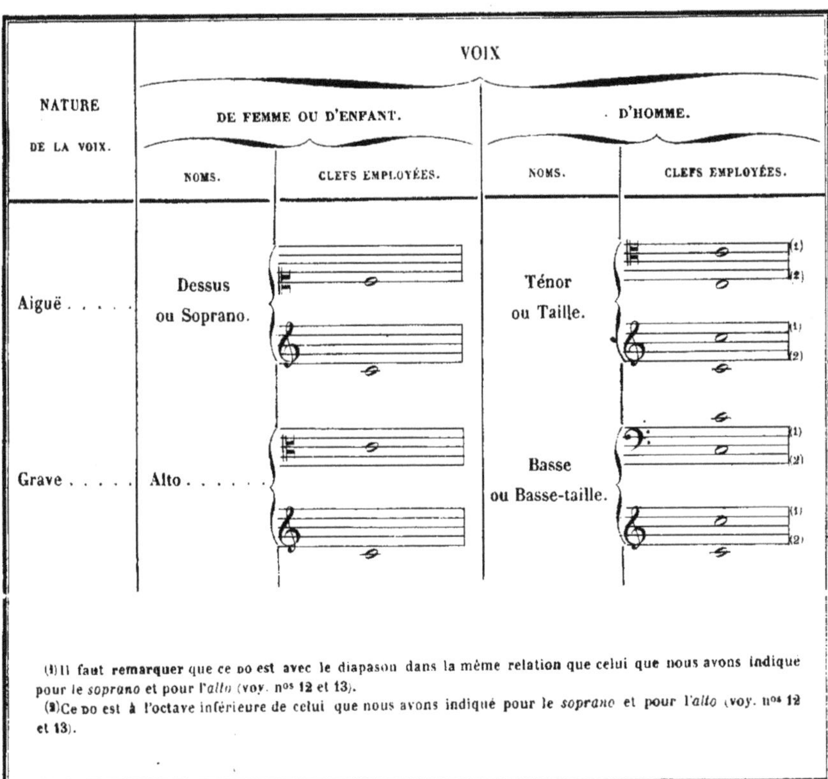

(1) Il faut **remarquer** que ce do est avec le diapason dans la même relation que celui que nous avons indiqué pour le *soprano* et pour l'*alto* (voy. nᵒˢ 12 et 13).

(2) Ce do est à l'octave inférieure de celui que nous avons indiqué pour le *soprano* et pour l'*alto* (voy. nᵒˢ 12 et 13).

GAMME MAJEURE ET GAMME MINEURE.

69. La gamme, telle que nous l'avons donnée jusqu'à présent

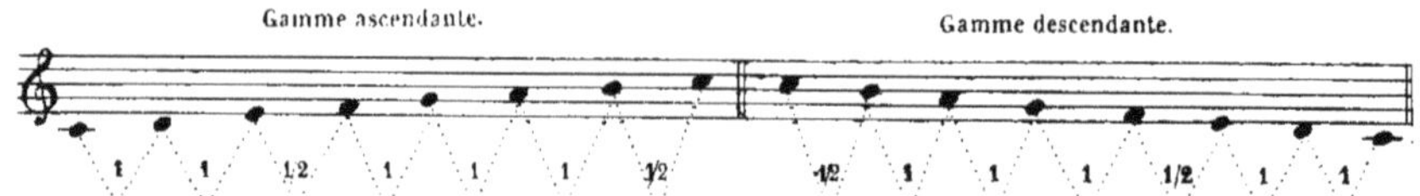

s'appelle *gamme dans le ton de* **do majeur**, ou simplement *gamme en* **do majeur**.

Elle est dite *dans le ton de* **do** ou *en* **do**, parce que **do** est la *tonique*.

Ce ton de **do** est dit **majeur**, parce que la première tierce de la gamme (**do-mi**) est **majeure**.

70. Observons maintenant que cette même gamme, considérée dans ses degrés descendants, offre pour première tierce une *tierce* **mineure** (**do-la**). En prolongeant de cette tierce à l'octave inférieure la même gamme descendante, nous obtiendrons la succession suivante :

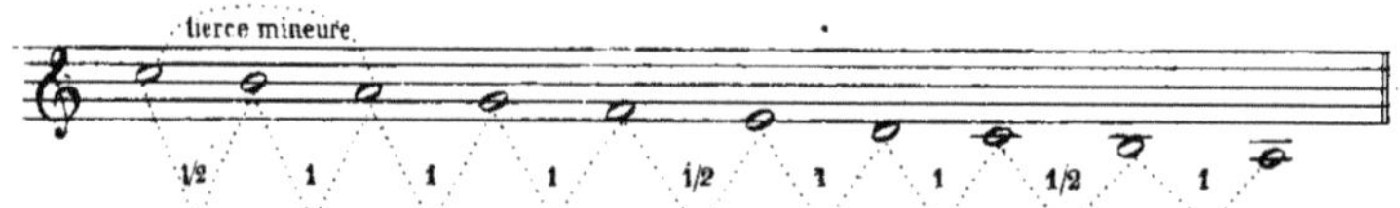

Si nous supprimons les deux premières notes (**do-si**), qui font double emploi, nous aurons la gamme suivante :

Cette gamme, dont la tonique est devenue **la**, s'appelle *gamme en* **la mineur**[1], parce que la première tierce est **mineure** (**la-do**).

71. La gamme en **la mineur** ayant pour génératrice celle en **do majeur**, ces deux gammes sont dites *corrélatives*.

D'où l'on dit également que la gamme en *la mineur* est la **relative** *mineure* de celle en *do majeur*, comme celle-ci est la **relative** *majeure* de celle en *la mineur*.

D'où enfin l'expression plus générale : **la** *mineur* est le **ton relatif** *mineur* de **do** *majeur*, comme **do** *majeur* est le **ton relatif** *majeur* de **la** *mineur*.

---

[1] La *gamme* ASCENDANTE en LA MINEUR se note aussi, et même plus souvent, de la manière suivante :

Mais en descendant elle reste telle que nous l'avons donnée, sans aucune altération.

72. Chaque note, naturelle ou altérée, peut être prise comme *tonique* d'une gamme, soit majeure, soit mineure. Il y a donc autant de gammes majeures et de gammes mineures qu'il y a de notes naturelles et de notes altérées[1].

73. Les deux gammes que nous venons d'étudier, savoir :

Do majeur

et **La mineur,**

étant *les seules où il n'y ait point de notes altérées*, sont les types, la première, des autres gammes majeures; la seconde, des autres gammes mineures.

GÉNÉRATION DES GAMMES MAJEURES.

74. Les gammes majeures s'engendrent l'une l'autre.

En effet, si nous examinons la gamme-type des tons majeurs, ou la gamme en **do** *majeur*, nous remarquons que cette gamme se partage en deux parties parfaitement *semblables*, séparées entre elles par un ton :

1.

do — ré — mi — fa — ‖ — sol — la — si — do
1   1   1/2   1   1   1/2

Cette seconde partie peut donc être substituée à la première et former, elle aussi, le commencement d'une gamme :

sol — la — si — do — ‖
1   1   1/2

En suivant l'échelle jusqu'à l'octave, nous aurions :

‖ — ré — mi — fa — sol
1   1/2   1

Mais dans cette nouvelle gamme, la deuxième partie n'est plus semblable à la première, puisqu'elle a entre son deuxième et son troisième degré (*mi-fa*) un demi-ton seulement et entre son troisième et son quatrième degré (*fa-sol*) un ton entier, tandis que dans la première partie les distances des degrés correspondants sont de 1 ton et de 1/2 ton. Pour rétablir cette *ressemblance*, il suffit d'altérer le **fa** au moyen du ♯, qui mettra tout à la fois entre cette note et le **mi** précédent la distance d'*un ton*, et celle d'un *demi-ton* entre cette même note **fa** et le **sol** suivant. Nous obtiendrons donc ainsi :

1.

sol — la — si — do — ‖ — ré — mi — fa♯ — sol
1   1   1/2   1   1   1/2

La seconde partie de cette nouvelle gamme étant *semblable* à la première, peut aussi former le commencement d'une nouvelle gamme :

ré — mi — fa♯ — sol — ‖
1   1   1/2

En suivant l'échelle jusqu'à l'octave, nous aurions

‖ — la — si — do — ré
1   1/2   1

Mais le même motif qui tout à l'heure nous a fait altérer le **fa**, nous fera altérer le **do** pour obtenir les deux ressemblances :

1.

ré — mi — fa♯ — sol — ‖ — la — si — do♯ — ré
1   1   1/2   1   1   1/2

---

[1] Il faut observer toutefois qu'il est des notes susceptibles d'altération qu'on ne prend guère pour toniques, comme, par exemple, **mi** ♯, dont le son est, pour la pratique du moins, absolument le même que celui de **fa** *naturel*, beaucoup plus simple et partant plus facile.

En continuant ainsi[1], nous obtiendrions la succession de toutes les *gammes* **majeures,** succession qui procède par **quintes.**

75. Voici, du reste, le tableau de toutes ces gammes :

Avant d'aller plus loin, remarquons que la gamme en *do* n'ayant aucune de ses notes altérée, la **gamme en** *do* ♯ doit les avoir toutes altérées, puisque toutes elles doivent être élevées d'un demi-ton.

Il en est de même si l'on baisse le *do* d'un demi-ton par un ♭ : toutes les autres notes seront baissées dans la même proportion, et recevront le ♭ pour signe d'altération. Nous allons donc donner ici la gamme en *do* ♭, en la faisant suivre des autres gammes s'engendrant successivement l'une l'autre, comme les précédentes.

76. En faisant la même opération sur la gamme descendante, on parviendrait au même résultat; seulement la filiation serait inverse, c'est-à-dire que la gamme en *do* engendrerait la gamme en *fa*, celle-ci la gamme en *si* ♭, et ainsi de suite jusqu'à la reproduction de la gamme-type en *do*.

77. Voici, présentée sous une autre forme, la succession des mêmes gammes :

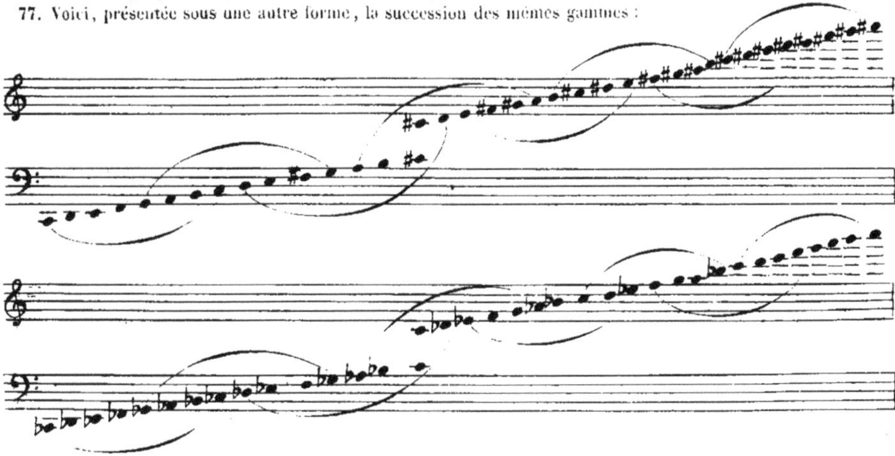

GÉNÉRATION DES GAMMES MINEURES.

78. Nous venons de voir comment les gammes majeures s'engendrent successivement l'une l'autre. Il nous reste à montrer chacune d'elles engendrant sa *relative mineure*, absolument comme celle de *do majeur* engendre sa relative *la mineur* (voy. n° 70).

C'est le but du tableau suivant :

CORRÉLATIVES

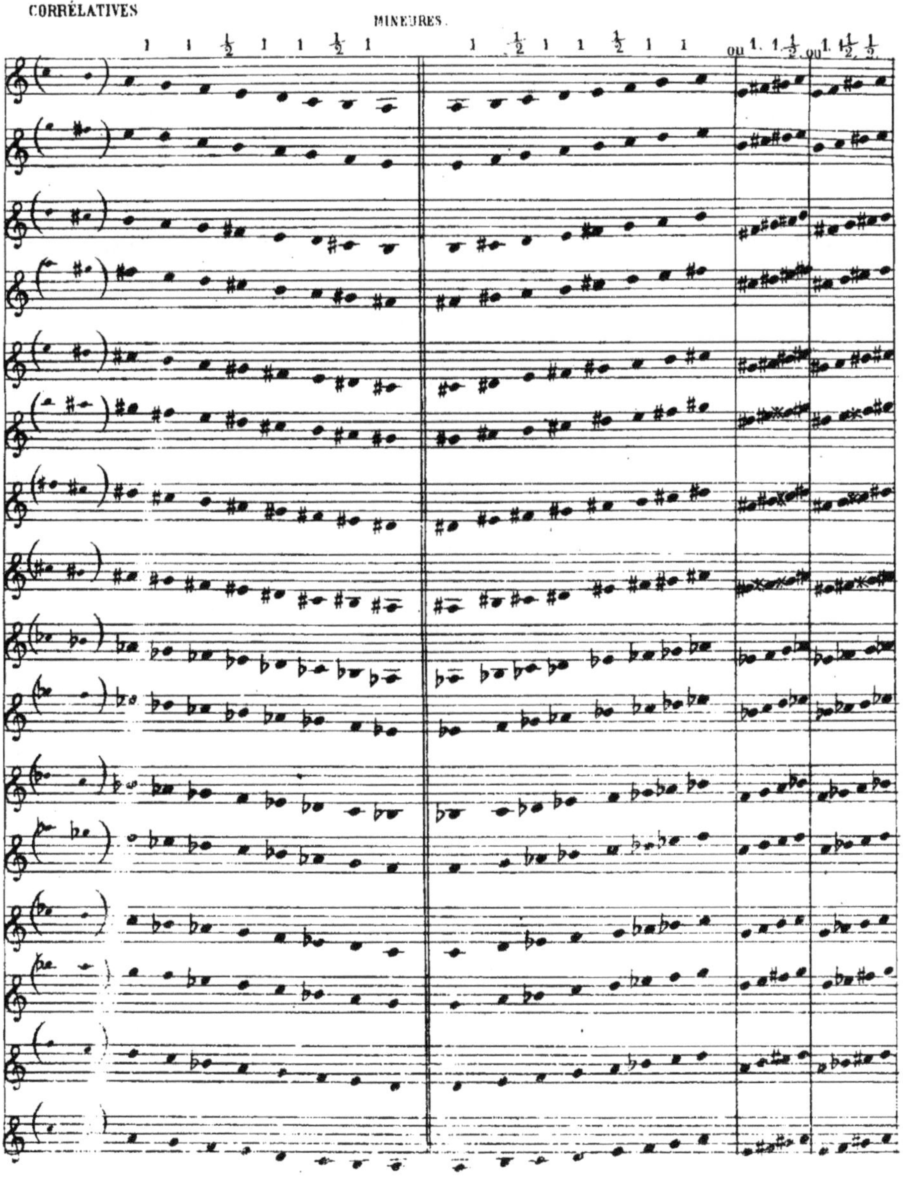

MINEURES.

ou 1. 1 ½ ou 1. 1 ½ ½

79. Chaque morceau de musique a, sous le rapport du ton, le caractère général d'une des gammes précédentes, tant mineures que majeures, de sorte qu'on dit d'un morceau, comme d'une gamme, qu'il est, par exemple, en *mi majeur*, en *sol mineur*, en *la* ♭ *majeur*, en *fa* ♯ *mineur*, etc. Toutes les notes qui, dans la gamme correspondante, sont affectées d'un signe d'altération, le sont également, sauf les cas accidentels, dans le morceau. Mais pour éviter la répétition fastidieuse des mêmes ♯ et des mêmes ♭, on les réunit tous, les premiers par rang de *quintes*, les seconds par rang de *quartes*, à la clef, qui est dite alors *armée* de tant de *dièzes* ou de tant de *bémols*. Ces dièzes et ces bémols placés à la clef s'appellent l'*armure* de la clef.

80. Voici le tableau des armures dans les tons majeurs et dans les tons mineurs :

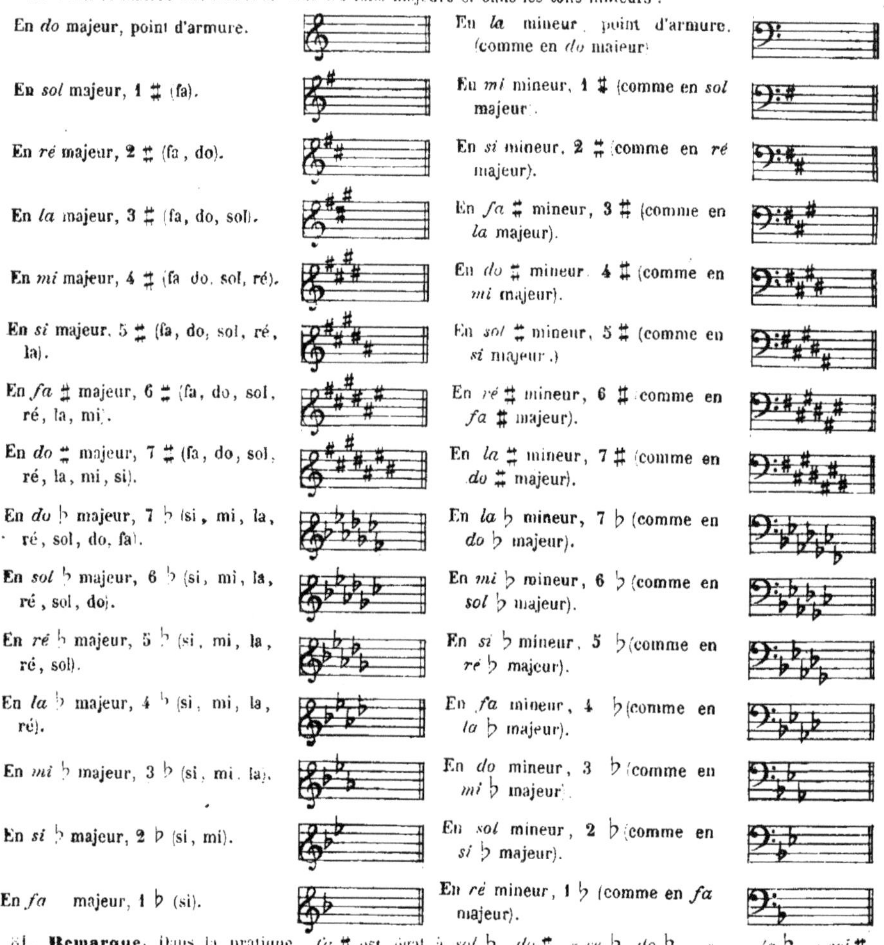

81. **Remarque.** Dans la pratique, *fa* ♯ est égal à *sol* ♭, *do* ♯ = *ré* ♭, *do* ♭ = *si*, *la* ♭ = *sol* ♯, *mi* ♭ = *ré* ♯, *si* ♭ = *la* ♯, etc. Chaque terme de ces égalités peut donc être substitué à l'autre. Cette substitution, appelée succession *enharmonique*, se fait fréquemment pour éviter un trop grand nombre de doubles altérations par le ✕ ou par le ♭♭. On écrira d'ailleurs plus volontiers un morceau en *si* ♭, par exemple, qu'en *la* ♯, parce que, dans le premier ton, on n'aura en général que deux bémols, tandis que dans le second il faudrait employer 4 dièzes et 3 doubles-dièzes.

82. En considérant que nous ne nous proposons ici que de donner les premières notions essentielles de musique dans ce qu'elles ont de plus élémentaire, il nous semble qu'il ne nous reste plus qu'à ajouter dans un appendice l'explication des différents signes et termes employés pour indiquer la manière d'exécuter un morceau.

Toutefois, sans vouloir empiéter sur la partie de la théorie que nous appellerions volontiers la syntaxe musicale, nous ne croyons pas inutile de faire connaître en quelques mots l'accord parfait et l'accord de septième dominante, qu'il nous paraît avantageux de graver dans la mémoire des commençants d'une manière aussi ineffaçable que la gamme.

83. On appelle **Accord** l'émission simultanée de plusieurs sons formant un tout harmonique.

84. On distingue un grand nombre d'accords différents; mais nous ne nous occuperons ici que de ceux dont il vient d'être question et dont l'emploi est continuel, savoir :

    1° **L'Accord Parfait.**

    2° **L'Accord de Septième dominante.**

1° ACCORD PARFAIT.

85. L'accord parfait se compose de trois notes :

    1° la **tonique**, 2° la **tierce** de celle-ci, 3° sa **quinte**,

auxquelles on ajoute quelquefois la

tonique redoublée à l'octave : 

86. L'accord parfait se distingue en *accord parfait* **majeur** et en *accord parfait* **mineur.**

87. Il y a entre l'*accord parfait* **majeur** et l'*accord parfait* **mineur** cette différence, que dans le premier

la *tierce* est *majeure*  et que dans le second

elle est *mineure*

88. L'accord parfait peut se présenter sous trois formes différentes, selon que l'on prend l'une de ses trois notes pour note inférieure. Dans l'exemple suivant :

nous avons : 1° **do mi-sol ;** 2° **mi-sol-do ;** 3° **sol-do-mi.**

Le n° 1 est l'accord fondamental ou primitif, posé sur la tonique:

Le n° 2 est le premier renversement ou premier dérivé, posé sur la tierce:

Le n° 3 est le deuxième renversement ou deuxième dérivé, posé sur la quinte.

89. On voit que dans sa forme primitive, lorsqu'il est posé sur la tonique, l'accord parfait présente deux tierces superposées : ces deux tierces sont: dans l'**accord parfait majeur,** la première *majeure*, la seconde *mineure*; dans l'**accord parfait mineur,** la première *mineure*, la seconde *majeure*.

90. Remarquons que c'est par l'**accord parfait**, soit *majeur*, soit *mineur*, que se termine une pièce de musique, et que c'est par conséquent à cet accord final que l'on reconnaît *ordinairement* le ton général de la pièce.

91. Le tableau suivant présente l'**accord parfait**[1] dans tous les tons, majeurs et mineurs.

TONIQUES.	ACCORDS PARFAITS	
	MAJEURS.	MINEURS.
Do		
Sol		
Ré		
La		
Mi		
Si		
Fa ♯		
Do ♯		
Do ♭		
Sol ♭		
Ré ♭		
La ♭		
Mi ♭		
Si ♭		
Fa		

[1] Ce serait un exercice utile que de faire trouver aux élèves eux-mêmes, sans le secours du livre, l'accord parfait dans tous les tons majeurs et mineurs, avec ses deux renversements.

2° ACCORD DE SEPTIÈME DOMINANTE.

92. **L'accord de septième dominante** s'appelle ainsi parce que, dans sa forme primitive, il se pose sur la *dominante* ou *quinte* du ton (n° 60), et a pour note supérieure la *septième mineure* de cette dominante.

Exemples :

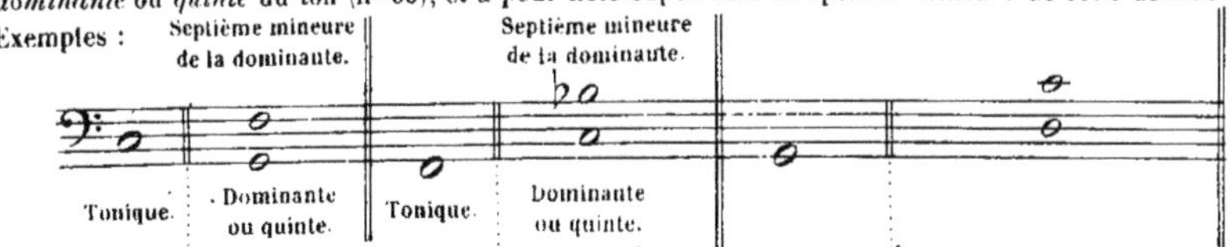

93. L'accord de **septième dominante** se compose de quatre notes, savoir :

1° La *dominante;*
2° La *tierce majeure* de celle-ci ;
3° Sa *quinte;*
4° Sa *septième mineure.*

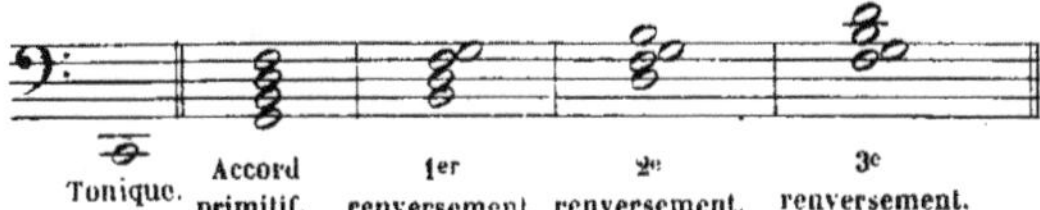

94. L'accord de **septième dominante** a, par conséquent, trois renversements :

95. Dans sa forme primitive, l'accord de septième dominante présente trois tierces superposées, dont la première est *majeure* et les deux autres *mineures.* Il n'est autre chose que l'accord parfait majeur posé sur la *quinte* prise comme tonique, et à laquelle on ajoute sa *septième mineure.*

96. Cet accord sollicite naturellement l'accord parfait, ou, en d'autres termes, *se résout* ou *fait sa résolution* sur l'accord parfait. Exemples :

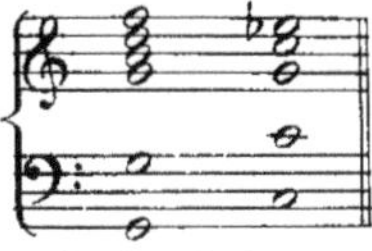

97. Cette résolution peut se faire sur l'accord parfait mineur aussi bien que sur l'accord parfait majeur.

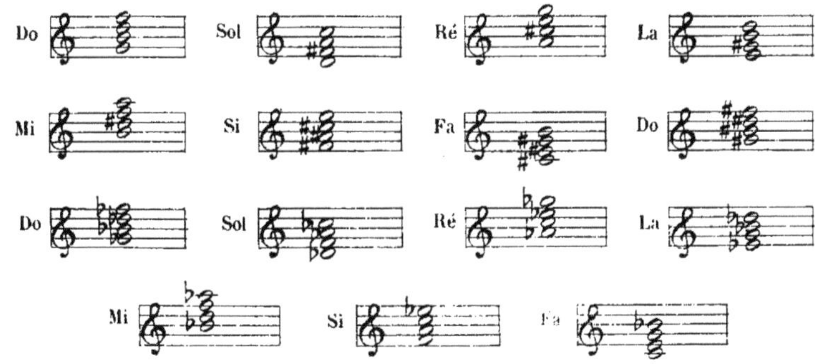

98. Voici le tableau de l'accord de *septième dominante* dans tous les tons :

APPENDICE.

LIAISON.

99. Lorsque deux ou plusieurs notes sont exécutées d'un seul et même coup de gosier, d'inspiration ou d'archet, elles sont dites *liées*, et le signe par lequel on indique cette liaison est un trait recourbé, qui s'appelle lui-même *liaison*.

SYNCOPE.

100. La syncope est le prolongement sur le temps fort d'un son commencé sur le temps faible :

Dans cet exemple les deux blanches, placées chacune entre deux noires, sont dites syncopées. Voici d'autres exemples de syncopes :

Lorsque le son doit se prolonger du dernier temps d'une mesure sur le premier de la mesure suivante, la syncope se marque par la liaison ·

POINT D'ORGUE.

101. Une note surmontée du signe ⌒ , appelé *point d'orgue*, se prolonge à la volonté de l'exécutant ou de la personne chargée de la direction. On appelle encore *point d'orgue* un trait tout entier de la partie chantante pendant lequel la régularité des temps d'une ou de plusieurs mesures est suspendue, pour laisser toute latitude à l'exécutant. Ce trait est ordinairement écrit en petites notes.

MOUVEMENT.

102. Les indications si précises du métronome (voy. n° 21 et la note du n° 48) suffisent pour déterminer le mouvement d'un morceau. Cependant on emploie encore à cet effet certaines expressions, fort vagues, il est vrai, empruntées pour la plupart à la langue italienne, et dont voici les plus usitées.

MOUVEMENTS LENTS.	MOUVEMENTS RAPIDES.
Grave. Grave, extrêmement lent.	**Allegro.** Vif.
Largo. Large, fort lent.	**Allegretto.** Moins vif que le précédent.
Larghetto. Moins large que le précédent.	**Vivace.** Plus vif que *allegro*.
Lento. Lent.	**Stretto.** Serré.
Adagio. A l'aise (c'est un mouvement très-lent aussi).	**Presto.** Rapide, très-vif.
Andante. Calme, modéré.	**Prestissimo.** Aussi rapide que possible.
Andantino. Un peu plus vif que le précédent.	**Accelerando.** Accéléré.
Ritardando ou **Rallentando.** Retardé, ralenti.	

A ces termes on ajoute quelquefois certains modificatifs, tels que **sostenuto** (soutenu), **moderato** (modéré), **un poco** (un peu), **più** (plus), **non troppo** (pas trop), **molto** (beaucoup), **assai** (fort), **poco a poco** (peu à peu), et grand nombre d'autres que l'usage apprendra. Exemples : *Adagio non troppo, allegro moderato, lento assai, andante sostenuto, molto vivace, accelerando poco a poco.*

INTENSITÉ

103. L'intensité ou degré de force des sons s'indique au moyen des termes suivants :

Piano et par abréviation	**p.**		faiblement.
Pianissimo —	—	**pp.** ou **ppp.**	très-faiblement
Dolce —	—	**Dol.**	doux.
Forte —	—	**f.**	fort.
Fortissimo —	—	**ff.** ou **fff.**	très-fort.
Mezzo forte —	—	**m. f.**	
Mezza voce —	—		à demi-voix.
Sotto voce —	—		

Crescendo ou **cresc.** ou	⎯⎯	en augmentant graduellement de force.
Decrescendo ou **decresc.** ou	⎯⎯	en diminuant graduellement de force.
Crescendo e decrescendo ou	⎯⎯	en augmentant d'abord et en diminuant ensuite graduellement de force.
Sforzando ou **sfz.** ou	>	en augmentant subitement de force.
Rinforzando ou **rinf.** ou	∧	en renforçant.

REPRISE.

104. On appelle *reprise* la portion d'un morceau qui se répète deux fois ; on appelle aussi *reprise* le signe qui marque que cette portion doit ainsi se répéter. Ce signe consiste en une double barre perpendiculaire à la portée, avec deux points extérieurs. Ces deux points se placent : à gauche, si l'on doit répéter une seconde fois ce qui précède ; à droite, si l'on doit répéter ce qui suit ; à gauche et à droite, si la répétition concerne à la fois ce qui précède et ce qui suit :

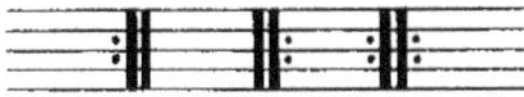

Souvent la portion du morceau ainsi répétée éprouve à la deuxième reprise quelques modifications dans la dernière ou les dernières mesures. Alors on indique par 1º ce qui doit être exécuté la première fois et passé la seconde, et par 2º ce qui doit être, en remplacement, exécuté la seconde fois. Par exemple, la phrase suivante :

pourra s'écrire ainsi :

On trouve souvent à la fin d'un morceau les deux mots italiens **Da capo** ou par abréviation **D. C.** Ces mots indiquent qu'ayant fini la seconde partie du morceau, on en doit reprendre le commencement jusqu'au point final marqué par le mot **Fin.** Quelquefois ce n'est pas tout à fait au commencement, mais à un lieu marqué d'un renvoi (𝄋) qu'il faut reprendre ; alors, au lieu de ces mots **Da capo**, on trouve ceux-ci : *Al segno* ou *Al. S.* c'est-à-dire *Au signe*. Cependant il arrive aussi que le renvoi se trouve au commencement, pour avertir, dès le début, qu'on doit reprendre toute la première partie ; alors, au moment donné, cette reprise est indiquée par les mots *Da capo al Segno* ou *D. C. al S.*

ÉTENDUE DES VOIX.

105. Nous terminerons ce travail par le tableau suivant, qui présente, aux différentes clefs, l'étendue des voix humaines comparée à celle du *piano-forte*.

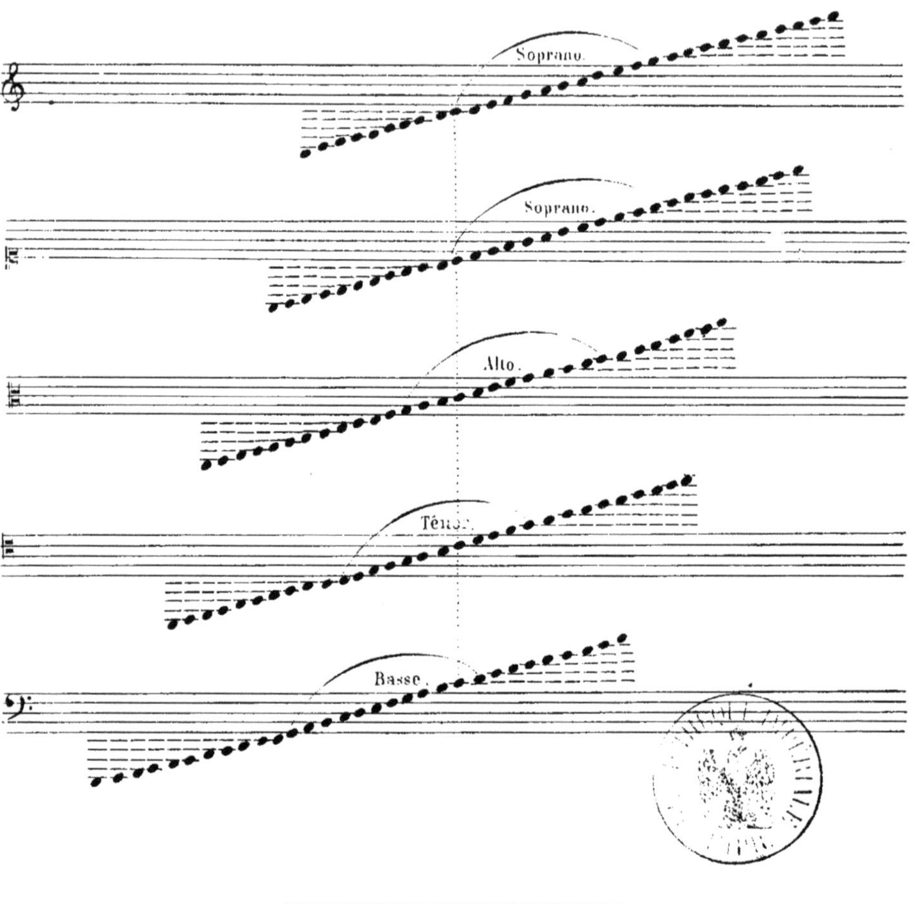

Procédé de Typo-autographie. C. Fasoli & Ohlman à Strasbourg.